El mundo del comercio

Patrones numéricos

Andrew Einspruch

Créditos de publicación

Editor
Peter Pulido

Editora asistente
Katie Das

Directora editorial
Emily R. Smith, M.A.Ed.

Redactora gerente
Sharon Coan, M.S.Ed.

Directora creativa
Lee Aucoin

Editora comercial
Rachelle Cracchiolo, M.S.Ed.

Créditos de imágenes

El autor y el editor desean agradecer y dar crédito y reconocimiento a los siguientes por haber dado permiso para reproducir material con derecho de autor: portada Getty Images/Neil Emmerson; p.1 Photodisc; p.4 Photolibrary.com/Alamy/Dave Pattison; p.5 Photolibrary.com/Alamy/Paula Solloway; p.6 iStockphoto; p.7 Photolibrary.com/Alamy; p.8 Picture Media/Eric Pasquier; p.12 (todas) Big Stock Photo; p.13 Big Stock Photo; p.15 (ambas) Big Stock Photo; p.16 iStockphoto; p.17 Big Stock Photo; p.18 Photolibrary.com/Su Keren; p.19 Photodisc; p.20 Photolibrary.com; p.21 Photolibrary.com/Alamy; p. 22 Photolibrary.com/Alamy/Chad Ehlers; p.23 Photolibrary.com/Alamy; p.24 Photolibrary.com/Alamy/Frances Roberts; p.25 123 Royalty Free; p.26 Alamy/Peter Adams; p.27 Photo Edit/David Young-Wolff; p.28 Big Stock Photo; p.29 Shutterstock

Ilustraciones en las páginas 9–11, 14 by Xiangyi Mo.

Aunque se ha tomado mucho cuidado en identificar y reconocer el derecho de autor, los editores se disculpan por cualquier apropiación indebida cuando no se haya podido identificar el derecho de autor. Estarían dispuestos a llegar a un acuerdo aceptable con el propietario correcto en cada caso.

Teacher Created Materials

5301 Oceanus Drive
Huntington Beach, CA 92649-1030
http://www.tcmpub.com
ISBN 978-1-4333-0497-2
© 2009 Teacher Created Materials, Inc.
Printed in China
Nordica.062018.CA21800491

Contenido

Tú eres un comerciante   4

El trueque   8

El dinero   12

Los mercados   17

El mercado de valores   20

El comercio está en todas
partes   26

Actividad de resolución
de problemas   28

Glosario   30

Índice   31

Respuestas   32

Tú eres un **comerciante**

Piensa en la última cosa que compraste. Quizás fue un juguete o algo que comer. Quizás fue un boleto para una película.

Quizás intercambiaste algo con un amigo. Quizás ganaste algo de dinero para tus gastos. Si fue así, estuviste haciendo comercio.

Todos compramos y vendemos cosas. Algunas veces intercambiamos cosas. Todos formamos parte del mundo del comercio.

¡No sólo intercambio!

Piensa en los tipos de comercio que haces con tus amigos. Quizás "comercias" tarjetas de béisbol o una manzana por la naranja de tu amigo. ¡Pero el comercio es mucho más que simplemente intercambiar una cosa por otra! La palabra *comercio* también se refiere a todo tipo de compra y venta.

¿Qué es el comercio?

La palabra *comercio* significa comprar, vender o intercambiar **bienes** o **servicios**. Los bienes son cosas que puedes poseer. Quizás tengas una patineta.

Si compraste una patineta, entonces te involucraste en el comercio.

Exploremos las matemáticas

Las patinetas tienen 4 ruedas: 2 en la parte delantera y 2 en la trasera. La tabla siguiente muestra el número total de ruedas para diferentes cantidades de patinetas. Dibuja la tabla siguiente y llena los espacios en blanco.

Número de patinetas	1	2	3	4	5	6	7	8	9	10
Número de ruedas	4	8	12	16	20	24				

a. ¿Cuál es la regla para este patrón numérico?

b. ¿Cuál es el número total de ruedas de 6 patinetas?

c. ¿Cuál es el número total de ruedas de 10 patinetas?

Los servicios son cosas que la gente hace por ti. A algunas familias se les entrega el periódico todos los días. Ése es un servicio.

El trueque

La primera forma de comercio fue el **trueque**. El trueque es cuando se intercambian bienes y servicios. No se usa dinero en el trueque.

Estas mujeres están haciendo trueque de sal por maíz en Perú.

Un vistazo más de cerca

Yo tengo maíz, pero quiero cuentas. Tú tienes cuentas, pero quieres maíz. Podemos hacer trueque de maíz por cuentas. La gente ha hecho trueques por miles de años. Y lo sigue haciendo hoy en día.

Exploremos las matemáticas

Julia hizo un trueque de 3 mazorcas de maíz por 1 hilera de cuentas.

a. Dibuja la tabla siguiente y sigue el patrón.

Número de hileras de cuentas	1	2	3	4	5	6
Número de mazorcas de maíz	3	6	9			

b. ¿Cuántas mazorcas de maíz necesita Julia para hacer un trueque por 6 hileras de cuentas?

El trueque requiere mucho trabajo. En primer lugar, tienes que **regatear**. Tienes que ponerte de acuerdo en cuanto al valor de las cosas. ¿Cuántas mazorcas de maíz debo intercambiar por las cuentas?

En segundo lugar, ¿qué pasa si yo quiero tus cuentas, pero tú no quieres mi maíz? Tendríamos que encontrar a otra persona que quiera el maíz. Ésta deberá tener algo que tú quieres, por ejemplo leche.

Entonces yo podría darle a ella mi maíz. Ella te
daría su leche. Tú me podrías dar tus cuentas. ¡Todo
es muy complicado!

El dinero

La gente tenía que estar de acuerdo en las cosas que iba a intercambiar cuando hacía el trueque. Intercambiaba cosas que encontraba útiles. Muchas cosas fueron usadas como dinero.

¡Hace mucho tiempo, las caracolas, la sal e incluso los cerdos se usaron como dinero!

Con el paso del tiempo, la gente hacía **monedas** de metales distintos. Las monedas de metal funcionaban bien como dinero. Todos estuvieron de acuerdo en que el metal valía mucho. Las monedas de metal son fáciles de transportar. No se deterioran ni destruyen.

Monedas de metal muy antiguas

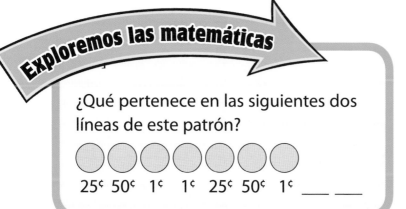

Exploremos las matemáticas

¿Qué pertenece en las siguientes dos líneas de este patrón?

◯ ◯ ◯ ◯ ◯ ◯ ◯

25¢ 50¢ 1¢ 1¢ 25¢ 50¢ 1¢ ___ ___

El dinero lo facilita

El dinero facilita el comercio. Tú no quieres mi maíz.
Entonces se lo vendo a otra persona a la que sí le interesa. Yo
recibo su dinero a cambio de él. Luego te doy dinero por tus
cuentas. Tú puedes gastar ese dinero en algo que necesites.

Los billetes

Los billetes facilitaron el transporte del dinero. ¡Un solo billete vale muchas monedas! ¡Sería difícil llevar una bolsa pesada llena de monedas todo el tiempo!

Las monedas

Las monedas nos permiten comprar cosas que valen menos de 1 dólar. El dólar estadounidense está dividido en 100 centavos. Si algo cuesta 25 centavos, podemos pagar con un dólar. Recibimos 75 centavos en cambio.

![Exploremos las matemáticas]

Esta tabla muestra el número de monedas de cinco centavos y de 25 centavos que hay en 1 dólar.

Número de dólares	1	2	3	4	5	6	7	8	9	10
Número de monedas de 25 centavos por dólar	4	8	12							
Número de monedas de 5 centavos por dólar	20	40	60							

Dibuja la tabla anterior. Continúa el patrón numérico para encontrar:

a. cuántas monedas de 5 centavos hay en $4.

b. cuántas monedas de 25 centavos hay en $7.

c. cuántas monedas de 5 centavos hay en $10.

Los mercados

Los mercados son lugares donde la gente va a hacer negocio. La gente ha ido a los mercados por miles de años. Los primeros mercados se hicieron al aire libre. El ágora era un mercado en la antigua Grecia.

Mercado de la calle Olvera

El Mercado de la Calle Olvera es un famoso mercado mexicano en Los Ángeles, California. Se inauguró en 1930 en la parte más antigua de la ciudad. Hay muchos puestos coloridos. La gente vende todo tipo de cosas maravillosas en ese lugar. ¡Casi 2 millones de personas visitan al Mercado de la Calle Olvera cada año!

Los mercados son una buena manera de hacer comercio. La gente puede mirar a su alrededor. Puede encontrar lo que está en oferta. Luego puede tratar de conseguir el mejor precio por lo que quiere.

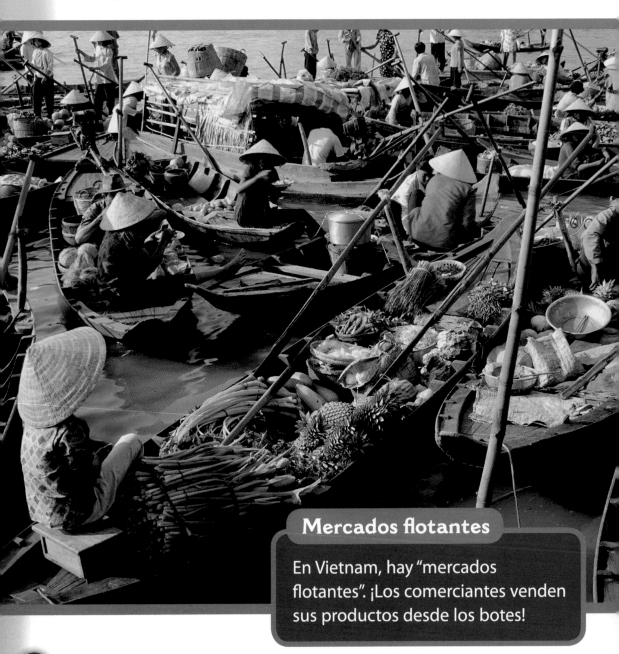

Mercados flotantes

En Vietnam, hay "mercados flotantes". ¡Los comerciantes venden sus productos desde los botes!

Los mercados en la red

Los sitios de **subasta** de la red también son mercados. Puedes ver lo que está en venta. Incluso puedes tratar de conseguir el mejor precio. Pero no tienes que dar vueltas. Puedes hacer tus compras ahí en tu propia computadora.

Exploremos las matemáticas

El centro comercial en la red tiene una venta de oferta de ropa. Por cada $25 que gastes, te descuenta $7.

Cantidad total gastada	$25	$50	$75	$100	$125	$150	$175	$200
Cantidad total de descuento	$7	$14						

Dibuja la tabla anterior. Sigue el patrón para encontrar:

a. cuánto dinero te descontará si gastas $75.

b. cuánto dinero te descontará si gastas $125.

c. cuánto dinero te descontará si gastas $200.

El mercado de valores

El mercado de valores es un tipo especial de mercado. Intercambia valores. Los valores también son conocidos como acciones. Los valores son partes pequeñas de "propiedad" en una compañía.

Puedes convertirte en uno de los muchos dueños de una compañía. Simplemente necesitas comprar acciones. ¡Cuantas más acciones compras, te pertenece una parte mayor de la compañía!

Exploremos las matemáticas

A Jada le gusta comprar acciones en el mercado de valores. Cada mes, Jada compra 50 acciones. Escribe un patrón numérico para demostrar cuántas acciones comprará en un año.

Las bolsas de valores

Hay millones de compañías en el mundo. Algunas compañías son muy grandes. Tienen muchas acciones. Estas compañías usan las bolsas de valores para comprar y vender sus acciones.

Estos corredores de bolsa trabajan en una bolsa de valores.

Las bolsas de valores son mercados. Unen a la gente que quiere comprar y vender acciones de una compañía. Las bolsas de valores comercian acciones de una lista de compañías. Una compañía debe estar en la lista para poder negociar sus acciones en el mercado de valores.

Esta tabla ayuda a los corredores de bolsa a comprar y vender acciones.

La bolsa de valores de Nueva York

La bolsa de valores de Nueva York (NYSE) es un mercado de valores muy famoso. Se creó en 1792.

El mayor número de acciones intercambiadas en un día fue 3,115,805,723. El menor número de acciones intercambiadas en un día fue 31.

Una compañía tiene una norma de que sólo cierto número de acciones pueden comercializarse cada día. Es una compañía muy popular así que cumple la norma todos los días. Completa el cuadro siguiente para descubrir la norma.

Número de días de comercialización	1	2	3	4	5
Acciones intercambiadas	100	150	200		

a. ¿En qué día se intercambiaron 150 acciones?

b. ¿Cuántas acciones se intercambiaron el día 5?

c. ¿Cuántas acciones se intercambiarán el día 8?

El comercio está en todas partes

El comercio se hace continuamente. Lo puedes ver por cualquier lado. Está en el comedor de la escuela y en el centro comercial. El comercio se hace en los mercados e incluso en la red.

Mercado de Marrakesh en Marruecos

Todos tenemos algo que intercambiar. Puedes hacer trueques con un amigo. Cada vez que compras o vendes algo, estás haciendo tu parte en el mundo del comercio.

Exploremos las matemáticas

Gabriel colecciona tarjetas de intercambio. Quiere comprar algunos paquetes nuevos de tarjetas de intercambio que le costarán $33.00. Recibe una mesada semanal de $5.50. Dibuja una tabla para mostrar cuántas semanas necesitaría guardar su mesada para tener suficiente dinero para comprar las tarjetas.

Autos y muñecas

Los fabricantes de juguetes Dadov envían sus juguetes a todo el mundo. Sus juguetes más famosos son las camionetas y las muñecas.

Los fabricantes de muñecas hacen cinco muñecas en la primera hora. Conforme mejoran en la fabricación de muñecas, pueden hacer una muñeca más que en la hora anterior.

Los fabricantes de camionetas hacen 9 camionetas en la primera hora. Cada hora ganan un trabajador más. Así que pueden hacer 3 camionetas más que en la hora anterior.

¡Resuélvelo!

a. ¿Cuántas horas tuvieron que trabajar los fabricantes de muñecas para hacer 81 muñecas?

b. ¿Cuántas horas tuvieron que trabajar los fabricantes de camionetas para hacer 75 camionetas?

c. ¿Cuántas muñecas y camionetas se hicieron después de 10 horas?

Usa los siguientes pasos para ayudarte a resolver el problema.

Paso 1: Crea la tabla siguiente. Usa un patrón numérico para encontrar el número de juguetes hechos cada hora.

Hora	1	2	3	4	5	6	7	8	9	10
Muñecas hechas	5	6	7							
Camionetas hechas	9	12	15							

Paso 2: Haz la siguiente tabla para encontrar el número total de juguetes que los trabajadores hacen cada hora.

Hora	1	2	3	4	5	6	7	8	9	10
Total de muñecas hechas	5	11	18							
Total de camionetas hechas	9	21	36							

Glosario

bienes—cosas que puedes comprar, con las que puedes hacer trueque o que puedes intercambiar

monedas—piezas planas de dinero hechas de metal, con valores diferentes

regatear—el proceso de conseguir un objeto o un precio cuando estás comprando o haciendo trueque por algo

servicios—cosas hechas que ayudan a los demás

subasta—el proceso de vender algo a la persona que ofrezca la mayor cantidad de bienes o dinero

trueque—el intercambio, o cambio, de bienes y servicios sin usar dinero

Índice

acciones, 20–25

bienes, 6, 8

billetes, 15

bolsa de valores, 22–24

comercio, 4–6, 8, 14, 18, 23, 25–27

dinero, 5, 8, 12–15

mercado de valores de Nueva York, 24

mercado de valores, 20–21, 23–24

mercados en la red, 19

mercados, 17–19, 20, 23, 26

monedas, 13, 15–16

patrones numéricos, 6, 9, 13, 19, 21, 25, 29

red, 19, 26

servicios, 6–8

trueque, 8–10, 27

Respuestas

Exploremos las matemáticas

Página 6:

a. agregar 4   **b.** 6 patinetas = 24 ruedas   **c.** 10 patinetas = 40 ruedas

Página 9:

a.

Número de hileras de cuentas	1	2	3	4	5	6
Número de mazorcas de maíz	3	6	9	12	15	18

b. Julia necesita 18 mazorcas de maíz para 6 hileras de cuentas.

Página 13:

Página 16:

Número de dólares	1	2	3	4	5	6	7	8	9	10
Número de monedas de 25 centavos por dólar	4	8	12	16	20	24	28	32	36	40
Número de monedas de 5 centavos por dólar	20	40	60	80	100	120	140	160	180	200

a. 80 monedas de 5 centavos   **b.** 28 monedas de 25 centavos
c. 200 monedas de 5 centavos

Página 19:

Cantidad total gastada	$25	$50	$75	$100	$125	$150	$175	$200
Cantidad total de descuento	$7	$14	$21	$28	$35	$42	$49	$56

a. $21   **b.** $35   **c.** $56

Página 21:

50, 100, 150, 200, 250, 300, 350, 400, 450, 500, 550, 600
Jada compraría 600 acciones en un año.

Página 25:

Número de días de intercambio	1	2	3	4	5	6	7	8
Acciones intercambiadas	100	150	200	250	300	350	400	450

a. segundo día   **b.** 300 acciones   **c.** 450 acciones

Página 27:

Número de semanas	1	2	3	4	5	6
Dinero total ahorrado	$5.50	$11.00	$16.50	$22.00	$27.50	$33.00

Le tomaría a Gabriel 6 semanas para ahorrar $33.00

Actividad de resolución de problemas

Hora	1	2	3	4	5	6	7	8	9	10
Muñecas hechas	5	6	7	8	9	10	11	12	13	14
Camionetas hechos	9	12	15	18	21	24	27	30	33	36

Hora	1	2	3	4	5	6	7	8	9	10
Total de muñecas hechas	5	11	18	26	35	45	56	68	81	95
Total de camionetas hechos	9	21	36	54	75	99	126	156	189	225

a. Los fabricantes de muñecas trabajaron 9 horas para hacer 81 muñecas.

b. Los fabricantes de muñecas trabajaron 5 horas para hacer 75 camionetas.

c. Después de 10 horas, había 95 muñecas y 225 camionetas.